AF224025

ASSOCIATION NATIONALE FRANÇAISE
POUR LA
PROTECTION LÉGALE DES TRAVAILLEURS

L'APPLICATION DE LA LOI

DU 10 JUILLET 1915

SUR

Le Minimum de Salaire

dans l'industrie du vêtement

PAR

Albert TISSIER

Professeur à la Faculté de Droit de l'Université de Paris.

FÉLIX ALCAN
MARCEL RIVIÈRE
ÉDITEUR

COMITÉ DIRECTEUR DE L'ASSOCIATION

Paul GAUWÈS, doyen honoraire de la Faculté de Droit de l'Université de Paris, président honoraire de l'Association.

A. MILLERAND, député, ancien ministre, président.

Ed. BRIAT, secrétaire général de la Chambre consultative des Associations ouvrières de production, membre du Conseil supérieur du travail et de la Commission supérieure du travail dans l'Industrie, vice-président.

A. LIEBAUT, ingénieur, membre du Comité consultatif des arts et manufactures et de la Commission supérieure du travail dans l'industrie, vice-président.

Raoul JAY, professeur à la Faculté de Droit de l'Université de Paris, membre du Conseil supérieur du travail, secrétaire général.

Léon de SEILHAC, publiciste, délégué permanent du service industriel et ouvrier du *Musée social*, trésorier.

Georges ALFASSA, ingénieur civil, E. C. P.

Louis BARTHOU, député, ancien président du Conseil des Ministres.

Adéodat BOISSARD, professeur à la Faculté libre de Droit de Paris.

François FAGNOT, enquêteur à l'*Office du travail*.

Arthur FONTAINE, directeur du Travail au Ministère du Travail et de la Prévoyance sociale.

Arthur GROUSSIER, député.

Auguste KEUFER, délégué permanent de la Fédération française des Travailleurs du Livre.

Abbé LEMIRE, député.

André LICHTENBERGER, directeur-adjoint du *Musée social*.

Henri LORIN, ancien élève de l'Ecole Polytechnique.

Etienne MARTIN-SAINT-LÉON, bibliothécaire du *Musée social*.

Comte A. de MUN, député.

C. PERREAU, ancien député, professeur à la Faculté de Droit de l'Université de Paris.

Eug. PETIT, docteur en Droit, ancien chef du cabinet du ministre du Commerce.

Paul STRAUSS, sénateur, membre de l'Académie de médecine.

Paul PIC, professeur à la Faculté de Droit de l'Université de Lyon.

Ivan STROHL, industriel.

Edouard VAILLANT, député.

SIÈGE SOCIAL : **8, rue Las-Cases, PARIS, VIIe**

ASSOCIATION NATIONALE FRANÇAISE

POUR LA

PROTECTION LÉGALE DES TRAVAILLEURS

L'APPLICATION DE LA LOI

DU 10 JUILLET 1915

SUR

Le Minimum de Salaire

dans l'industrie du vêtement

PAR

Albert TISSIER

Professeur à la Faculté de Droit de l'Université de Paris

PARIS

<table>
<tr><td>LIBRAIRIE FÉLIX ALCAN
MAISONS FÉLIX ALCAN & GUILLAUMIN réunies
108, BOULEVARD SAINT-GERMAIN, 108</td><td>MARCEL RIVIÈRE et Cⁱᵉ
LIBRAIRIE des SCIENCES POLITIQUES & SOCIALES
31, RUE JACOB, 31</td></tr>
</table>

1917

Association Nationale Française
pour la Protection Légale des Travailleurs

COMITÉ POUR L'APPLICATION
DE LA LOI DU 10 JUILLET 1915

La loi du 10 juillet 1915 a été faite pour garantir aux ouvrières à domicile de l'industrie du vêtement la protection d'un minimum de salaire. Son application préoccupe, au plus haut degré, tous ceux qui savent quelles sont les misères d'un grand nombre de ces ouvrières.

Dans l'assemblée qu'elle a tenue, le 13 décembre 1915, au Musée social, sous la présidence de M. Millerand, l'Association française pour la Protection légale des Travailleurs a institué un comité chargé de répondre à toutes les questions qui lui seront posées sur l'application de la loi du 10 juillet 1915. Le comité est présidé par M. Tissier, professeur à la Faculté de Droit. Son siège est au Musée social, 5, rue Las-Cases, Paris (VIIe).

Publications à consulter

Le minimum de salaire dans l'Industrie du vêtement. — La Loi du 10 juillet 1915, par M. Raoul JAY, professeur à la Faculté de droit de l'Université de Paris, Membre du Conseil supérieur du Travail, 1915. — Une brochure, 63 pages, in-16. — (*Nouvelle série* nº 11). — 0 fr. 50.

Les actions en justice nées de la loi du 10 juillet 1915 sur le minimum de salaire par M. Albert TISSIER, professeur à la Faculté de droit de l'Université de Paris, 1916. — Une brochure, 76 pages, in-16. — (*Nouvelle série* nº 12). — 1 franc.

Félix ALCAN et Marcel RIVIÈRE, éditeurs.

L'APPLICATION DE LA LOI

du 10 juillet 1915

SUR

Le Minimum de Salaire

Assemblée générale du 12 Juin 1917

Présidence de M. MILLERAND

M. LE PRÉSIDENT. — Avec le progrès de la législation ouvrière, à laquelle nous avons le droit de dire sans fausse modestie que notre association a apporté, depuis qu'elle existe, un concours efficace, est née une loi spéciale, relative au travail à domicile dans l'industrie du vêtement.

Il nous a paru qu'il était utile, plus encore au point de vue pratique qu'au point de vue théorique, que l'Association ne restât pas indifférente à un mouvement dont, je le répète, elle pouvait, pour une part, revendiquer les premiers succès.

Nous avons demandé à M. le professeur Tissier, qui a bien voulu y consentir, de faire devant vous un exposé de la loi qui venait d'être votée, et nous avons fait ressortir les caractéristiques de cette loi qui, pour la première fois, étendait la protection de la loi sur les ouvrières à domicile et qui, en même temps, appelait les associations privées, les syndicats, à agir pour l'utile et efficace application de la loi.

Pour les aider, nous avons jugé, d'accord avec vous,

qu'il était intéressant de former un comité — dont M. Tissier a bien voulu accepter la présidence — qui aurait pour but, d'une part, de suivre l'application de la loi, et, d'autre part, de fournir aux intéressés, aux associations créées en vue de l'application de cette loi, tous les renseignements désirables.

Nous avons eu à ce propos une communication de M. Tissier.

Aujourd'hui, M. Tissier va vous faire connaître où nous en sommes de l'application de la loi. Je m'excuse auprès de vous et surtout auprès de lui qu'un devoir impérieux et imprévu m'appelle à quelques pas d'ici ; je vais céder la présidence à notre vice-président, M. Briat. Mais, avant de le faire, je tiens, en vous réitérant mes excuses, à adresser en votre nom comme au mien nos remerciements et nos félicitations à M. Tissier dont le concours, dans cette œuvre sociale, a été et continue à être si utile à l'Association.

M. Briat prend la présidence de la séance.

RAPPORT DE M. Albert TISSIER

Professeur à la Faculté de Droit de l'Université de Paris

MESDAMES, MESSIEURS,

La loi sur le minimum de salaire des ouvrières à domicile dans l'industrie du vêtement, loi si importante et qui sera, je l'espère, si bienfaisante, a été mise en vigueur le 10 juillet 1915, il y aura bientôt deux ans. Il est intéressant de rechercher quelle en a été jusqu'ici l'application, et de se demander s'il y a lieu d'être satisfaits. Les premiers résultats obtenus doivent-ils nous donner confiance, renforcer les grands espoirs que nous avons mis dans cette réforme ? Ou bien au contraire donnent-ils raison aux nombreuses personnes qui, en 1915, pleines de doute et de scepticisme, ont dit qu'il n'y aurait probablement qu'une loi de plus dans nos recueils, venant s'ajouter à tant d'autres restées sans application ou du moins sans effets sérieux ?

Je dois déclarer tout de suite qu'à mon sens il y a lieu d'être satisfaits et de rester pleins de confiance et d'espoir, il y a lieu aussi dès maintenant d'être reconnaissants envers ceux qui ont eu la dure tâche de mettre en mouvement cette machine lourde et compliquée qu'est la loi sur le minimum de salaire des ouvrières à domicile dans l'industrie du vêtement. Nous savons tous, instruits que nous sommes par bien des expériences, que des lois de ce genre ne peuvent donner le bien qu'on en espère qu'après un long temps et de longs efforts. Nous savons tous aussi que, si la guerre a amené le vote rapide de cette loi qu'en temps normal on eût dû attendre encore bien des années, l'application n'en a pas moins commencé dans des circonstances singulièrement anormales et tout à fait difficiles. Et cependant nous allons constater que la réforme est en marche, qu'elle est même en bonne voie de réalisation.

I

Il me faut rappeler d'abord en quelques mots le système de la loi du 10 juillet 1915. Pour fixer le minimum de salaire des ouvrières à domicile dans l'industrie du vêtement, la loi a organisé deux sortes de comités, les comités de salaires et les comités d'expertise. Dans chaque département, un comité de salaires détermine le salaire minimum de l'ouvrière à domicile pour une heure de travail, ou pour une journée de dix heures de travail. Il le détermine non pas arbitrairement, mais d'après le salaire habituellement payé aux ouvrières d'habileté moyenne de la même profession, travaillant en atelier, ou, s'il n'y en a pas dans la région, d'après le salaire moyen des ouvrières en atelier exécutant des travaux analogues dans la région ou dans d'autres régions similaires, ou enfin, si ce mode de détermination fait aussi défaut, d'après le salaire moyen habituellement payé dans la région aux journalières, aux femmes qui vont en journée faire des travaux de ménage, de couture, de lingerie, etc.

D'un autre côté, des comités d'expertise déterminent, dans chaque région, le nombre d'heures nécessaire pour la confection des travaux faits en série pour les divers articles et les diverses catégories d'ouvrières.

On peut ainsi, quand les deux comités ont rempli leurs tâches respectives, établir un tarif indiquant le minimum de salaire à payer à l'ouvrière à domicile pour les articles faits en série. Il résulte, comme le dit la loi, du minimum de salaire horaire fixé par le comité de salaire, multiplié par le nombre d'heures nécessaires à la confection de tel ou tel article et fixé par le comité d'expertise.

Les décisions des comités de salaires et des comités d'expertises sont publiées, et un recours est ouvert pendant trois mois devant la commission centrale siégeant au ministère du Travail. Après ce délai, les décisions sont en vigueur. Des actions peuvent être exercées, pour les faire respecter, devant les prudhommes ou, à défaut de prud'hommes, devant les juges de paix.

La loi du 10 juillet 1915 a établi de plus, en vue d'assurer le contrôle permanent des personnes intéressées et des inspecteurs du travail, toute une série d'obligations accessoires à la charge des fabricants, entrepreneurs ou intermédiaires faisant travailler à domicile : ceux-ci doivent prévenir l'inspecteur du travail, tenir un registre indiquant les noms et adresses des ouvrières, afficher les prix de façon pour les articles faits en série dans les locaux d'attente et dans ceux où se fait la remise et la réception du travail, remettre aux ouvrières, au moment où elles reçoivent le travail, des bulletins à souche et des carnets indiquant la nature et la quantité du travail, la date de la remise, les prix de façon applicables, ainsi que la nature et la valeur des fournitures imposées à l'ouvrière, les prix nets de façon ne pouvant être inférieurs aux prix affichés, enfin, inscrire sur ces bulletins ou carnets, lors de la réception du travail achevé, la date de la livraison, la rémunération due à l'ouvrière, les frais laissés à sa charge, la somme nette payée ou à payer; les mentions des bulletins doivent être reportées sur les souches, ou celles des carnets sur des registres d'ordre, et les souches ou registres doivent rester pendant un an au moins à la disposition de l'inspecteur du travail. Toutes ces obligations sont sanctionnées par des peines de simple police et, en en cas de récidive, par des peines correctionnelles.

Enfin, pour imposer plus sûrement l'application de la loi, un droit d'action a été donné, non seulement aux ouvrières intéressées et, pour la répression, au ministère public, mais aussi aux syndicats professionnels existant dans la région, même composés d'ouvriers travaillant en atelier, et aux associations autorisées à cet effet par décret : les syndicats et associations peuvent agir, en cas d'inobservation de la loi, devant les prud'hommes ou le   ges de paix, et aussi devant les tribunaux de répression en se portant parties civiles.

Tel est, dans ses grandes lignes, le système, fortement construit et habilement combiné, de la loi du 10 juillet 1915.

II

Voyons maintenant ce qui a été réalisé depuis deux ans ; vous allez constater que de très sérieux efforts ont été faits. Il est actuellement de banalité courante d'attaquer et de critiquer très fort l'administration, les bureaux, les commissions et les comités. Eh bien, je crois que, pour l'application de notre loi, il y a lieu, non de les critiquer, mais de les louer ; toute personne impartiale doit reconnaître que le ministère du Travail, la commission centrale, les comités de salaires, les comités d'expertises, les inspecteurs du travail, doivent être remerciés et félicités bien haut de l'œuvre qu'ils ont déjà accomplie.

Précisons d'abord quelle a été, dans cette œuvre, la part des comités de salaires et des comités d'expertises ; les renseignements que je vais donner sont pour la plupart empruntés à l'excellent rapport que Mlle Bourat, inspectrice du travail, a fait récemment à l'assemblée de l'Office français du travail à domicile.

Dans tous les départements, sauf trois, les comités de

salaires ont rempli leur mission et fixé le minimum de salaire. Ils n'ont pas tous procédé de même. Ainsi dans 24 départements un seul minimum de salaire a été fixé (le plus souvent 2 fr. 50) sans distinction faite suivant le genre de travail ; dans tous les autres départements, les comités, se conformant mieux à la lettre et à l'esprit de la loi qui veut qu'il y ait corrélation entre le salaire moyen des ateliers et le minimum de salaire à domicile, ont fixé plusieurs minima, le salaire variant suivant le genre de travail : lingerie, confection, broderie, chaussures, etc.

En général il n'y a pas eu de distinction faite entre les ouvrières des villes et celles des campagnes ; cependant dans sept départements, les comités ont fixé des salaires différents pour les villes et pour les campagnes.

Dans beaucoup de départements, on a distingué suivant que le travail est fait à la main ou à la machine ; certains comités n'ont pas fait la distinction.

Enfin les salaires fixés sont très différents suivant les régions. Dans l'ensemble les salaires sont le plus souvent de 0 fr. 25 ou 0 fr. 30 l'heure, soit 2 fr. 50 ou 3 francs pour une journée de 10 heures. Sans doute il y a des salaires plus faibles ; on a admis encore, dans bien des comités, des salaires de 0 fr. 15 ou 0 fr. 20 l'heure, surtout pour des travaux de broderie, de dentelle, de lingerie ; à l'inverse il y a à Paris des salaires qui atteignent 0 fr. 60 et même 1 fr. l'heure ; mais je ne veux indiquer ici que les salaires moyens, les salaires les plus fréquents : on doit en somme s'en montrer satisfait si on se rappelle les salaires révélés par les enquêtes faites il y a une quinzaine d'années.

Les décisions des comités de salaires sont dès maintenant applicables dans 67 départements, les délais de recours étant expirés ; pour 12 seulement il y a des recours à juger.

Quant aux comités d'expertise, ils fonctionnent ou ont fonctionné dans 77 départements. Dans 32, les décisions sont devenues définitives à défaut de recours dans les délais ; dans 30, des recours ont été formés. Le travail de ces comités est, remarquez-le, plus long et plus difficile que celui des comités de salaires ; il comporte des recherches et des enquêtes minutieuses ; à Paris existent 9 comités d'expertise dont la tâche est vraiment considérable.

Vous voyez que l'œuvre accomplie par les comités de salaires et les comités d'expertise est déjà fort avancée. Sans doute il y a dans les décisions rendues bien des discordances, des différences parfois choquantes dans la fixation du salaire ou dans celle du temps nécessaire pour la confection de tel ou tel article. Mais ces différences s'atténueront certainement dans l'avenir. Il faut être patient.

III

Je voudrais maintenant vous signaler quelques solutions intéressantes, résultant des décisions de la commission centrale et des circulaires ministérielles, et qui viennent compléter la loi ou en éclairer des parties restées obscures.

a) Une première solution bien importante a été donnée par la circulaire ministérielle du 24 juillet 1915 et a été admise par un jugement récent du tribunal correctionnel d'Agen (1).

D'après cette solution, toute la partie de la loi concernant les déclarations à faire, les registres à tenir, les affichages, les bulletins à souche et les carnets, a été

---

(1) V. aux Annexes, p. 38.

applicable dès la promulgation ; elle doit être observée par les employeurs sans qu'il y ait à attendre les décisions des comités de salaires et des comités d'expertise ; en un mot, elle n'est nullement liée à l'institution et au fonctionnement de ces comités. Dès maintenant, des poursuites peuvent donc être engagées contre ceux qui refusent de se conformer à cette partie de la loi. Objectera-t-on que ces obligations, destinées surtout à permettre de contrôler l'application de la loi quant à son objet principal, le paiement du minimum de salaire, sont sans intérêt tant que ce minimum n'est pas encore établi ? L'objection n'est pas exacte et il ne faut pas s'y arrêter. Non! les obligations imposées par la loi aux employeurs ne sont pas sans intérêt tant que le minimum de salaire n'est pas fixé. Bien des abus criants peuvent être évités par la seule publicité. Il y a des salaires misérables qu'on ose payer, mais qu'on n'ose pas avouer publiquement. Ici comme partout la publicité, la lumière, le contrôle sont des garanties de meilleure justice ou de moindre injustice.

b) Voici un autre point de grande importance aussi et sur lequel j'attire toute votre attention :

Dans bien des régions on a fixé le minimum de salaire. Mais la durée du temps nécessaire à la confection des articles faits en série n'est pas encore déterminée. En attendant que les comités d'expertise aient achevé leur tâche, les employeurs sont-ils tenus de payer le minimum de salaire ?

On a répondu, et avec grande raison, affirmativement. Les décisions des comités de salaires sont obligatoires dès les délais de recours écoulés, sans qu'il soit besoin d'attendre celles des comités d'expertise. En cas de contestation, les tribunaux diront eux mêmes, comme ils doivent le faire dans tous les cas où il n'y a pas de tarif établi par les comités d'expertise, quel est le temps nécessaire pour le travail dont il s'agit de payer le salaire, et fixeront ensuite ce salaire en multipliant le salaire minimum horaire devenu obligatoire par le nombre d'heures qu'a nécessité le travail. La circulaire ministérielle du 31 juillet 1916 est très précise en ce sens : « Il arrive fréquemment que les décisions du comité de salaires n'aient soulevé aucune protestation et soient dès lors applicables, alors que les décisions des comités d'expertise ou certaines d'entre elles sont contestées. Dans le cas où le salaire minimum horaire est encore seul applicable pour tout ou partie des travaux, c'est aux conseils de prud'hommes et, à leur défaut, aux juges de paix qu'il appartiendrait de rechercher, à l'occasion de différends soulevés devant eux, si les tarifs payés par un entrepreneur, travaillant ou non pour l'intendance, permettent à une ouvrière d'habileté moyenne de gagner le salaire horaire minimum en exécutant le travail qui fait l'objet de la contestation. Les juridictions peuvent statuer sur les affaires de cette nature, alors même que les décisions des comités d'expertise ne sont pas applicables. » (1) Cette solution, très exacte, a un grand intérêt ; certains comités d'expertise n'auront pas terminé leur travail avant plusieurs mois ; il est fort important que, sans plus attendre, on puisse obliger les employeurs à payer le minimum de salaire.

c) L'application de la loi sur le minimum de salaire doit s'étendre à toutes les ouvrières à domicile dans l'industrie du vêtement. La loi prévoit dans son texte, non seulement les travaux faits en série, mais aussi les travaux faits à la pièce. Il a été décidé récemment, et cela paraît très conforme à la loi, que le travail sur mesure fait à domicile dans l'industrie du vêtement est soumis aussi à

---

(1) *Bulletin du ministère du Travail*, juillet 1916, p. 124.

la règle du minimum de salaire. En cas de contestation sur le salaire dû à l'ouvrière, les juges devront, comme il vient d'être dit, évaluer eux-mêmes le temps nécessaire pour le travail, en consultant, s'ils le veulent, le comité d'expertise. Le salaire dû est obtenu en multipliant le salaire minimum horaire par le nombre d'heures qu'exige la confection du travail (1).

d) Pour fixer le minimum de salaire, les comités, on l'a vu, doivent observer des règles établies par la loi. Ils n'ont pas à déterminer le salaire juste, rationnel, ni à calculer quel doit être le salaire à raison de la cherté de la vie dans la région; ils doivent se baser sur le salaire moyen de l'ouvrière faisant le même travail en atelier. Sans doute la cherté de la vie amènera l'augmentation du salaire pour le travail en atelier; et les ouvrières à domicile en profiteront indirectement et souvent assez vite, on l'a vu récemment à Paris. Mais les comités de salaires ne peuvent pas directement se baser sur le prix des subsistances. C'est en se plaçant à ce point de vue que doit être résolue la question de savoir si les comités de salaires ont le droit de distinguer entre les ouvrières des villes et celles des campagnes; on a vu qu'ils l'ont fait dans sept départements; quelques-uns d'entre eux ont même établi trois catégories d'ouvrières, celles du chef-lieu, celles des petites villes, celles des campagnes. On a jugé que les distinctions ainsi faites ne sont légales que si elles existent aussi pour les ouvrières travaillant en atelier; au cas contraire elles ne sauraient être admises. S'il n'y avait pas, dans la région ou dans d'autres régions similaires, d'ateliers organisés pour le même travail ni pour d'autres travaux analogues, la distinction entre les ouvrières des villes et celles des campagnes pourrait en-

____

(1) Décision de la Commission centrale du 26 avril 1917. *Bulletin du ministère du Travail*, avril 1917, p. 171.

core être faite, mais seulement si elle s'appuyait sur une différence de salaire habituel des journalières à la ville et à la campagne (1).

e) Dans tous les cas, il est certain que le minimum de salaire ne s'entend que d'un salaire net de toutes fournitures ; l'ouvrière ne peut avoir des fournitures à sa charge alors qu'elle ne reçoit que le salaire minimum ; le prix des fournitures diminuerait son salaire ; elle n'aurait plus en définitive le minimum de salaire garanti par la loi.

Je crois même que le Comité de salaire ne peut, en fixant le minimum de salaire, ajouter que telle fourniture reste à la charge de l'ouvrière. Dans le *Bulletin du Ministère du Travail,* j'ai lu que le Comité de salaires des Côtes-du-Nord a fixé le salaire minimum à 1 fr. 75 pour certaines ouvrières, à 2 fr. 50 pour d'autres, en ajoutant : « ces prix s'entendent pour une journée de dix heures, la dépense du fil étant à la charge de l'ouvrière. » Cela ne me paraît pas conforme à la loi. On ne fixe pas le salaire minimum si on laisse à la charge de l'ouvrière des dépenses variables comme celle du fil ; le salaire minimum devient lui-même variable ; il n'est plus déterminé d'une façon précise. Le minimum de salaire est, par définition, un salaire net de fournitures ; il résulte, nous dit la loi, pour chaque article, du salaire minimum horaire multiplié par le nombre d'heures nécessaire pour le travail ; cela exclut toutes fournitures à la charge de l'ouvrière ; c'est un prix net de fournitures ; si l'employeur laisse des fournitures à la charge de l'ouvrière, il faut qu'il lui en tienne compte en sus du salaire minimum.

f) Une dernière solution doit être signalée, elle con-

____

(1) Décision de la Commission centrale du 12 janvier 1917, *Bulletin du ministère du Travail,* janvier 1917, p. 75.

cerne la fonction du comité d'expertise. Tandis que les comités de salaires sont tenus de fixer le salaire du travail à domicile d'après celui das ouvrières travaillant en ateliér, on a décidé que les comités d'expertise ne sont nullement liés, quand ils ont à évaluer le temps nécessaire à la confection de tels ou tels articles faits à domicile, par la constatation du temps moyen mis par les ouvrières en atelier pour la confection des mêmes articles. La loi leur laisse a toute liberté d'appréciation. Ils peuvent sans doute se référer au temps nécessaire à l'ouvrière faisant le même travail en atelier ; mais ce n'est pas la base unique et nécessaire de leur décision. Il est possible qu'à raison de la division plus grande du travail, de l'outillage plus perfectionné, la confection d'un article exige moins de temps en atelier qu'à domicile ; le comité peut tenir compte de cette différence. Dans quelle mesure ? C'est à lui d'apprécier (1). Bien évidemment, il ne faut pas qu'on aboutisse à faire payer beaucoup plus cher l'objet fabriqué à domicile ; le travail à domicile serait alors menacé de disparaître. Les comités d'expertise ont à résoudre ici des problèmes difficiles.

IV

Les poursuites judiciaires exercées en vertu de la loi ont-elles été jusqu'ici très nombreuses ? Je ne le crois pas. Cependant quelques jugements ont été rendus ; le *Bulletin du ministère du Travail* en a publié cinq.

Le tribunal de simple police de Clermont-Ferrand a prononcé les 27 avril, 11 mai et 5 octobre 1916, contre des confectionneurs de cette ville, trois condamnations pour défaut d'affichage des prix de façon, défaut de remise de

____

(1) Tribunal de simple police de Clermont-Ferrand, 27 avril 1916, *Bulletin du ministère du Travail*, juin 1916, p. 262.

bulletins à souche ou de carnets, irrégularités dans la tenue des registres. La première condamnation a été de 500 francs d'amende pour 137 condamnations (1), la seconde de 315 francs d'amende pour 73 condamnations (2), la troisième de 55 francs d'amende pour 11 contraventions (3). Dans les trois affaires, le Syndicat des travailleurs de l'habillement civil de Clermont-Ferrand est intervenu et a obtenu 1 franc de dommages-intérêts ; dans la troisième affaire, où le juge a constaté que c'était de propos délibéré que le confectionneur poursuivi n'avait pas voulu exécuter la loi, il a ordonné la publication du jugement dans deux journaux de Clermont.

Un jugement plus récent du tribunal correctionnel d'Agen, du 14 février 1917, rendu sur appel d'un jugement de simple police, condamne aussi un confectionneur pour défaut d'affichage des prix, et registres mal tenus ; ce jugement décide, je l'ai déjà indiqué, que la partie de la loi relative à l'affichage aux registres, aux bulletins à souches ou carnets, a été obligatoire dès la promulgation, sans qu'il y ait eu à attendre la fixation du minimum de salaire (4).

Les Conseils de prud'hommes n'ont pas eu, je crois, à statuer sur un grand nombre de demandes en paiement du salaire minimum ou en dommages-intérêts pour inobservation de la loi. Le *Bulletin du ministère du Travail*, n'a publié jusqu'ici qu'un seul jugement du Conseil de prud'hommes de Clermont-Ferrand appliquant le salaire minimum et condamnant un confectionneur à le payer

---

(1) *Ibid.*

(2) *Idem.* Jugement du 11 mai 1916, *Bulletin du ministère du Travail*, juin 1916, p. 264.

(3) *Idem*, Jugement du 5 octobre 1916, *Bulletin du ministère du Travail*. décembre 1916, p. 537.

(4) V. aux Annexes. p. 38

à une ouvrière (1). J'ignore s'il y a d'autres jugements.

Ces quelques décisions sont intéressantes. Ce sont les
premières applications judiciaires de la loi. Elles mar-
quent la voie à suivre. Il faut que les syndicats et les associations, auxquelles la réforme a été en quelque sorte
confiée, en imposent l'application; ils peuvent dès maintenant poursuivre partout pour faire observer la partie de
la loi qui établit les obligations d'affichage, de registres,
etc. ; ils peuvent poursuivre presque partout pour exiger
le paiement du minimum de salaire, sans avoir à attendre
que les comités d'expertise aient achevé leur tâche et que
les tarifs applicables aux travaux faits en série soient
définitivement établis. Ils peuvent poursuivre tous ceux
par le fait desquels le minimum de salaire n'a pas été
payé. Et ici je voudrais attirer votre attention sur un
point important. On a souvent dit et j'ai dit moi-même
ici, lors de nos deux premières réunions, que des fabricants ou de grands magasins chercheraient à échapper à la
loi en traitant à forfait avec des entrepreneurs. Je crois à
la réflexion qu'il ne leur sera pas toujours facile de se
soustraire aux poursuites si la loi n'est pas observée par
les intermédiaires avec lesquels ils auront traité. Le
texte de la loi, visant l'action ouverte à défaut de
paiement du minimum de salaire est très général:
« Tout fabricant, commissionnaire ou intermédiaire est
civilement responsable lorsque c'est de son fait que le
salaire minimum n'a pu être payé. » Les juges auront à
examiner si, étant données les conditions du marché
passé entre le fabricant ou le grand magasin et l'entrepreneur, on ne peut pas dire que c'est par le fait du premier

____

(1) Conseil de prud'hommes de Clermont-Ferrand, jugement
du 23 avril 1910, *Bulletin du ministère du Travail*, juin 1916,
p. 260.

que le salaire minimum n'a pu être payé. « Le fabricant sait aisément ce que chaque article doit être payé à l'ouvrière à domicile pour que la loi soit respectée ; à lui à faire ses commandes en conséquence.

Un dernier mot. Le jugement de simple police de Clermont-Ferrand, du 27 avril dernier, a été la première application judiciaire de la loi ; il en a été aussi une vivante critique. Le juge y constate que le confectionneur poursuivi a appliqué d'une façon inexacte et frauduleuse au détriment des ouvrières un tarif déjà défectueux ; qu'il a payé un prix de façon inférieur au minimum de salaire légal, inférieur aussi au salaire indiqué par le marché passé avec l'intendance militaire. Mais le juge constate aussi « que le fait par un employeur de ne pas respecter les minima établis n'a pas été mis par la loi au rang des infractions pénales. » Il signale ainsi la grosse lacune de la loi du 10 juillet 1915. Il faudra obtenir du législateur qu'il complète la loi. Il est peu raisonnable, illogique, injuste, qu'on punisse les infractions à des règles accessoires et qu'on laisse impunie l'infraction principale, celle qui consiste à ne pas payer le minimum de salaire ; la désobéissance la plus grave à la loi reste sans sanction pénale.

C'est sur ce vœu, adressé au législateur, que je termine cette simple communication. Je voulais surtout vous montrer que, malgré des obstacles nombreux, la réforme est en bonne voie ; on peut dire aussi qu'elle est en bonnes mains ; il dépend des syndicats et des associations autorisées à agir qu'elle réussisse pleinement.

Cette modeste communication n'est pas l'objet principal de notre réunion. Nous attendons de vous des observations utiles, des critiques basées sur l'expérience. Il faut, pour le succès de la réforme, que tous les efforts, toutes les bonnes volontés se réunissent. Le but à atteindre est grand; il vaut l'effort; il s'agit, en protégeant le salaire de l'ouvrière à domicile, de protéger la vie familiale dans les classes ouvrières, de donner à beaucoup de pauvres foyers, je ne dis pas plus de joie et de bien-être, mais du moins plus de confiance et de sécurité; c'est la justice et c'est aussi l'intérêt national qui nous commandent d'agir.

DISCUSSION

Présidence de M. Briat

M. LE PRÉSIDENT. — Je remercie M. le professeur Tissier d'avoir donné des renseignements aussi nets sur l'application de la nouvelle loi, et lui demande de rédiger un vœu précisant les modifications qu'il propose d'apporter à la loi du 10 juillet 1915.

Mˡˡᵉ DEBRAY. — Je voudrais simplement signaler un fait à propos des comités d'expertise.

Le syndicat avait été avisé qu'une plainte était déposée au sujet d'un travail qui semblait inférieur au minimum fixé. Nous avons fait une démarche auprès du Conseil des prud'hommes ; il nous a été répondu ceci : que nous ne pourrions porter plainte que lorsque le comité d'expertise aurait fonctionné.

Il me semble que si l'on comprenait les choses de cette façon, il y aurait une lacune qui risquerait de rendre la loi inopérante, si l'on ne pouvait poursuivre que lorsque les comités d'expertises auraient fonctionné. En effet, les décisions des comités en question ne peuvent être appliquées qu'au bout de trois mois, et ceci à condition qu'il n'y ait aucun recours. Si, au bout de trois mois, on fait un recours, cela porte le jugement devant la Commission centrale à un délai très éloigné, et celle-ci pouvant à nouveau décider qu'il y aura une expertise, de sorte que la décision peut être ajournée à plus de six mois.

M. TISSIER. — On peut poursuivre dès maintenant.

Mˡˡᵉ DEBRAY. — Mais il peut se faire que des patrons déclarent que la décision du comité d'expertise ne leur paraît pas acceptable.

M. Tissier. — On peut appliquer le minimum de salaire sans attendre la décision du comité d'expertise.

Mlle Debray. — Il serait bon que cette interprétation de l'esprit de la loi soit connue, car les conseils de prud'hommes ne s'expriment pas dans le sens que vous nous indiquez.

Voilà encore une difficulté : la question des modèles. Les modèles changent constamment ; ils durent au plus une saison, environ trois ou quatre mois. La décision du comité d'expertise pourrait n'être valable qu'alors que le modèle serait passé de mode.

Il est donc indispensable qu'on puisse poursuivre dès que le minimum est fixé : autrement ce serait rendre la loi inefficace.

M. Tissier. — Pour changer la mentalité que vous nous indiquez, il n'y a qu'à engager les poursuites permises par la loi. Dans le cas que vous signalez, il faut poursuivre malgré les objections qui vous sont faites.

Mlle Debray. — Nous n'avons pas fait la poursuite parce que nous nous sommes rendu compte que le travail, qui nous semblait payé un prix inférieur, ne donnait pas lieu à une poursuite. C'est simplement pour le principe que je tenais à vous indiquer la réponse qui nous a été faite.

M. Jay. — Je vois ici Mme Duchêne, qui a eu la grande amabilité de me signaler une décision rendue sur ce point, vendredi dernier, par les prud'hommes. L'indication qu'elle m'a donnée était un peu courte : il m'a semblé cependant comprendre que cette décision confirmait la doctrine enseignée par M. le professeur Tissier, doctrine d'après laquelle le droit de poursuivre doit être reconnu alors même que le Comité d'expertise n'a pas encore pris de décision, ou que la décision prise par lui

n'est pas encore obligatoire, soit que cette décision ait
été l'objet d'un recours non encore jugé par la Commission centrale, soit que le délai de trois mois ouvert pour
exercer le recours n'ait pas encore pris fin.

Mme DUCHÊNE. — Il s'agissait de caleçons. La décision
du Comité d'expertise était intervenue......

M. JAY. — Mais elle n'était pas obligatoire?

Mme DUCHÊNE. — Non.

M. JAY. — Il me semble que l'affaire a dû se présenter
de la façon suivante : la décision du Comité d'expertise
était intervenue, mais les trois mois n'étaient pas écoulés, la décision n'était donc pas obligatoire. Cependant, le
Conseil des prud'hommes, dans le jugement que vous
m'avez signalé, aurait condamné la défenderesse.

Mme DUCHÊNE. — Oui. Elle est d'ailleurs présente.
Les choses se sont passées ainsi. La directrice a fait
valoir qu'en réalité elle n'était pas responsable de l'insuffisance du salaire payé, que cette insuffisance devait être
attribuée au prix de façon payé par l'Intendance. Il sem-
blerait que, dans le jugement, il n'y ait aucun attendu
qui mette ceci en valeur. J'aurais voulu vous communiquer les termes exacts du jugement, je n'ai pas assez de
mémoire pour vous les redire ; nous n'aurons communication de ce jugement que dans la quinzaine.

Mme Corcos pourrait peut-être nous donner quelques
explications.

Mme CORCOS. — J'ai fait remarquer que ce n'était pas de
mon fait que le minimum de salaire n'était pas payé, mais
du fait de l'Intendance. Mais, j'ai été quand même rendue
responsable.

M. LE PRÉSIDENT. — Le jugement a été contradictoire ?

Mme. DUCHÊNE. — Oui.

M. LE PRÉSIDENT. — Alors, il est définitif, il est sans appel.

Mme DUCHÊNE. — Le Syndicat a eu tout ce qu'il demandait.

M. JAY. — Permettez-moi de vous dire que vous avez conservé tout votre droit d'agir contre le responsable. C'eût été, peut-être, une procédure plus habile de l'introduire dans l'instance — comme nous disons, — c'est-à-dire de l'appeler en garantie. Vous ne l'avez pas fait, mais vous en avez parfaitement le droit.

Mme CORCOS. — Je vais le faire.

Mme Raoul SAUTTER. — Lorsqu'une commande a été acceptée avant que le minimum de salaire ait été fixé par le Comité d'expertise, quelle est la situation de l'ouvroir ?

Mme DUCHÊNE. — C'est assez embarrassant. Nous ne faisons que faire le travail. Remarquez, cependant, que le salaire minimum horaire était fixé avant que la plupart des commandes en cours aient été acceptées.

Mlle DEBRAY. — Nous voulions nous conformer à la loi. Nous avons fait une démarche auprès de l'Intendance. Celle-ci nous a répondu : « Les décisions du Comité d'expertise n'étant valables que dans trois mois, nous agirons alors ». De sorte, que la situation pouvait être indéfiniment prolongée. L'Intendance se basait sur la décision du Comité d'expertise et non pas sur le minimum fixé ; je tenais à le faire remarquer.

M. JAY. — Les questions qui viennent d'être soulevées

sont toutes deux importantes, mais elles sont tout à fait distinctes.

Pour ce qui est des responsabilités successives. les grandes lignes s'aperçoivent tout de suite : vous avez un droit de recours : vous pouvez l'exercer par un appel en garantie ; il est vrai que en fait, pratiquement, il peut y avoir, j'en ai peur, des questions de preuves, d'établissement de responsabilité de compétence assez délicates. Nous nous en tirerons cependant.

Ce dont, aujourd'hui, j'ai été particulièrement heureux c'est d'entendre M. Tissier, avec la circulaire du 31 juillet 1916, proclamer le droit des intéressés d'agir dès que le minimum horaire est obligatoire; pour faire respecter ce minimum horaire, alors même que les décisions des Comités d'expertises ne sont pas applicables, si, comme il arrivera fatalement, le Comité d'expertise tarde à se prononcer ou si, les décisions du Comité d'expertise étant attaquées, la Commission centrale ne peut pas trancher immédiatement le conflit, il n'y a qu'un moyen de sortir de la situation fausse dans laquelle on se trouve, c'est de poursuivre l'application du minimum horaire.

L'action immédiatement exercée permettra d'obtenir une application du minimum horaire qui est déjà, par elle-même, extrêmement intéressante.

Elle constituera en même temps, je suis, du moins, fort disposé à le croire, le meilleur moyen d'activer la préparation et la promulgation définitive d'un tarif aux pièces obligatoire.

M. LE PRÉSIDENT. — Je vais demander à M. Tissier de rédiger le vœu qu'il propose et le mettrai aux voix.

M. TISSIER propose d'émettre le vœu : « que les peines établies par la loi soient étendues aux fabricants, entre-

preneurs ou intermédiaires qui, sciemment, ne paieraient pas le minimum de salaire. »

M. JAY. — La proposition de M. Tissier me paraît des
plus intéressantes. Il est d'évidence que la loi serait
beaucoup plus facilement et complétement appliquée si
les inspecteurs voyaient leurs fonctions étendues.

Je ne crois pas que les inspectrices du travail qui sont
dans cette salle me contredisent lorsque j'affirmerai
qu'il doit être pénible de se trouver en face de femmes
qui ne reçoivent pas le minimum, qui sont privées du
bénéfice que la loi voulait leur conférer, sans qu'il soit
possible de trouver dans cette loi aucun moyen direct de
faire respecter les dispositions légales.

La proposition de M. Tissier est des plus modérées.
Elle ne vise que les cas où l'employeur a agi sciemment.

Les conséquences que pourrait avoir l'absence de
sanctions pénales contre l'entrepreneur qui ne paie pas
le minimum légal ont été aperçues dès la promulgation
de la loi.

Il est à craindre que les actions exercées par les syndicats et les associations autorisées n'arrivent pas à
remplacer l'action publique. Il n'est que temps de
combler une lacune qui pourrait compromettre tout
l'avenir de la loi du 10 juillet 1915.

Mme KOECHLIN. — En décembre dernier, un cas s'est
présenté à propos de caleçons militaires ; seul, le Comité
de salaires avait fonctionné et fixé le salaire horaire
tandis que le temps nécessaire à cette confection n'avait
pas encore été déterminé par le Comité d'expertise ; d'où
absence de minimum légal aux pièces. Une association
qui avait mis à son programme l'application du minimum
de salaires pour les travaux concédés à ses adhérents,
désirant obtenir à cet effet un relèvement par l'Etat du

prix de confection du caleçon, invoqua dans une lettre à la direction de l'Intendance la décision de la Commission interministérielle « Guerre et Travail » qui avait fixé à 1 heure 20 le temps nécessaire à la confection du caleçon militaire. Le salaire horaire pour la mécanicienne ayant été fixé à 0 fr. 40 et le temps à 1 heure 20, nous demandions que le minimum pour le caleçon militaire soit fixé à 50 centimes.

Il nous a été répondu que les décisions de la Commission interministérielle n'étaient pas valables; que, de plus, le temps indiqué pour la confection était manifestement exagéré, de sorte que, malgré les décisions du Comité de salaires, malgré les décisions de la Commission interministérielle « Guerre et Travail », l'Etat a maintenu le minimum horaire de 0 fr. 30 inscrit dans ses conventions.

En mars dernier, invoquant les décisions du quatrième Comité d'expertise, institué conformément à la loi, qui s'était réuni le 19 février (à la demande du Syndicat) et avait fixé le salaire minimum à 0 fr. 508, nous adressions un nouvel appel au Sous-Secrétaire d'Etat à l'Intendance pour que le minimum légal soit appliqué. L'Etat invoqua le délai légal de trois mois. En refusant la majoration de 0 fr. 10 par heure fixée par les Comités de salaires, dans le but de tenir compte de l'augmentation du coût de la vie, l'Etat méconnaissait la question si importante de la défense du foyer, les difficultés de la vie de l'ouvrière, grave problème dont la solution dans les circonstances présentes paraît devoir lui incomber.

Une entrevue fut demandée par notre Association au directeur de l'Intendance.

Le 24 mai, il songeait encore à aller en appel ; il fallut que nous exposions, dans toute leur gravité, et, dans toute leur profondeur, les répercussions de ce refus de reconnaître l'importance d'une loi sociale trop longtemps différée dans son application ; que nous nous déclarions prêts à porter le conflit à la tribune de la Chambre pour qu'enfin l'Etat cédât...

M. Jay. — Je voudrais quelques précisions de plus.

Le cas me paraît être celui-ci : Vous avez, dans ce Comité, fait une expertise, peut-être des expériences pour établir la durée du travail nécessaire à une certaine confection.

Mme Koechlin. — Le Comité de défense de la main-d'œuvre féminine est composé de 25 organisations travaillant pour l'Intendance. Il a mis à son programme l'application de la loi sur le minimum de salaire pour tous les travaux concédés à ses adhérents.

M. Jay. — C'était un Comité sans caractère officiel, encore moins judiciaire. Vous êtes arrivés à penser que pour tel travail, il fallait tel temps. Vous vous êtes adressés à l'Intendance qui affirmait sur ce point une opinion différente.

Mme Koechlin. — Toutes les organisations adhérentes avaient des contrats avec l'Intendance ; elles ne songeaient pas à proposer, d'après leurs expériences personnelles, un salaire arbitraire, mais à remplir leur engagement vis-à-vis du Comité en appliquant la loi.

M. Jay. — Je connais la question. Vous pouviez invoquer des décisions du Comité d'expertise, mais on vous a répondu : « Ces décisions ne sont pas encore obligatoires. »

Mme Koechlin. — Parfaitement.

M. Jay. — On a ajouté : « Il faut attendre trois mois », et encore : « Nous avons l'intention de former un recours avant la fin de ces trois mois. »

C'est, précisément, en vue de ces situations-là que je me suis cru obligé d'insister autant sur l'importance de la décision qu'avec tant d'énergie a proclamée M. Tissier, à savoir que vous n'avez rien à attendre, que vous pouvez agir quand même il n'y aurait pas de décision obligatoire du Comité d'expertise.

Le Comité d'expertise a, dans le mécanisme de la loi de 1915, un rôle que je considère comme capital. Son rôle peut, un jour, prendre une grande importance sociale. Cette procédure qui oblige des patrons et des ouvriers à s'entendre sur ce qui doit être la durée normale d'un travail d'une confection peut amener de très intéressantes solutions.

Mais la loi est faite de manière à pouvoir, à la rigueur, fonctionner sans lui, soit d'office, soit sur la demande du syndicat, du gouvernement ou encore des associations ou particuliers intéressés. Il ne résulte pas des textes de la loi qu'il interviendra toujours, dans tous les cas. La loi pourra s'appliquer quand même il ne serait pas intervenu.

Il sera sans doute beaucoup plus commode de pouvoir invoquer l'appréciation préalable, légalement obligatoire, d'un Comité d'expertise ; mais à défaut de cette appréciation s'imposant au juge, ce juge appréciera lui-même si, en fait, le salaire payé assure à l'ouvrière moyenne le salaire minimum horaire légalement obligatoire fixé par le Comité de salaires.

Mme KOECHLIN. — C'est une question de production. C'est justement sur la question de production réelle de l'ouvrière moyenne que l'État, dans ses bordereaux de salaire, a toujours été induit en erreur.

M. JAY. — Je ne défends pas les décisions de l'Intendance. Elles ont d'ailleurs bien changé depuis quelques jours. Actuellement, fort heureusement, toutes ces ques-

tions sont tranchées; avec les augmentations de 25 %
qui ont été accordées, vous devez être plus à l'aise. Ces
questions nous intéressent tout de même encore parce
qu'elles montrent l'intérêt qu'il peut y avoir à agir sans
attendre la décision du Comité d'expertise.

Mlle MILHAUD. — J'ai fait partie de la Commission
interministérielle dont on vient de parler, et c'est à ce
titre que je veux apporter une précision.

La Commission interministérielle était une Commission purement consultative ; elle a donné des indications
sur les durées de confection d'un certain nombre d'articles militaires, en mentionnant que le temps d'exécution pour un même travail peut varier, dans une certaine
mesure, selon la région, en raison du tempérament de la
population qui peut être plus ou moins habile ou plus ou
moins active.

Ses décisions n'avaient pas force de loi.

M. LE PRÉSIDENT. — Si personne ne demande la parole,
je vais prier M. Tissier de nous donner une nouvelle
lecture de son vœu.

M. TISSIER. — Le voici :

*L'Association française pour la protection légale des
travailleurs,*

*Émet le vœu que les peines établies par la loi soient
étendues aux fabricants, entrepreneurs ou intermédiaires
qui, sciemment, ne paieraient pas le minimum de salaire.*

Le vœu est adopté à l'unanimité.

ANNEXES

I

Circulaire du Ministre du Travail, en date du 29 novembre 1916.

(Maintien des tableaux de temps fixés par les comités d'expertises, au cas de modification des salaires de base).

En vertu du paragraphe 2 de l'article 33 *h* du livre 1er du Code du travail, les protestations élevées contre les comités de salaires ou d'expertise doivent être élevées dans un délai de trois mois à partir de la publication de ces décisions.

L'article 1er (*b*) du décret du 24 septembre 1915 prescrit que les avis insérés au *Recueil des actes administratifs* du département à la suite des décisions d'un comité d'expertise, doivent comprendre trois éléments : 1o le temps nécessaire ; 2o le salaire horaire ; 3ᵉ le prix de façon par article résultant de la multiplication du temps nécessaire par le salaire horaire.

Or, il peut arriver que, postérieurement à la publication des décisions d'un comité d'expertise faite conformément aux indications exposées ci-dessus, un comité de salaires soit amené à modifier le salaire de base pris en considération dans ses décisions par le comité d'expertise.

Ces modifications apportées au salaire de base obligeront ce comité d'expertise à refaire les calculs de tarifs aux pièces et nécessiteront de nouvelles publications de ces tarifs. Si telle a bien été l'intention du comité d'expertise, j'estime que ces nouvelles publications ne sauraient ouvrir à nouveau le droit de protestation contre des évaluations de temps publiées depuis un délai de trois mois et non protestées pendant ce délai.

En vue, néanmoins, d'éviter aux intéressés des erreurs d'interprétation sur le point de départ du délai de recours prévu par le paragraphe 2 de l'article 33 *h* du livre 1er du Code de travail, j'estime qu'en prévision de modifications des salaires de base, il y aurait intérêt à ce que les avis portant publication des tarifs établis en vertu de l'article 33 *g* comprennent deux parties distinctes et séparées : 1° les tableaux des temps fixés par les comités d'expertise ; 2° les tarifs aux pièces résultant de la combinaison des salaires minima horaires avec les temps de confection (avec indication du salaire horaire). Cette seconde partie ferait seule l'objet de nouvelles publications en cas de revision des salaires de base.

L'administration chargée de ces publications pourrait d'ailleurs, semble-t-il, facilement procéder aux nouveaux calculs des tarifs aux pièces, en se guidant sur les données primitivement opérées par les comités d'expertise. C'est seulement en cas de difficultés, d'hésitation pour l'application aux articles du salaire horaire revisé que les comités d'expertise intéressés seraient appelés à donner leur avis.

Je vous prie de tenir la main aux présentes instructions qui ont pour objet d'amener une rapide application des tarifs prévus par la loi du 10 juillet 1915 et de vouloir bien en donner connaissance aux présidents des différents comités d'expertise de votre département.

II

Circulaire du Garde des Sceaux, Ministre de la Justice et du Sous-Secrétaire du Travail en date du 12 janvier 1917

(Rôle des comités de salaires et des comités profession-nels d'expertise et fonctions des juges de paix qui les président).

EXTRAIT

. . . .

Les réunions des comités départementaux de salaires et des comités professionnels d'expertise sont provoquées par le juge de paix, président, qui fixe leur ordre du jour. L'administration n'a pas à intervenir dans leurs travaux. Elle devra toutefois faciliter leur fonctionnement, autant que possible, en leur fournissant le local, les documents et les quelques fournitures de bureau nécessaires. Elle mettra autant que possible, s'ils en expriment le désir, un employé à leur disposition pour assurer leur secrétariat. Parmi les documents à communiquer aux comités figurent en première ligne les bordereaux annexés, en vertu des décrets du 10 août 1899, aux marchés passés par l'Etat, les départements, les communes et les établissements publics de bienfaisance. Un très grand nombre de ces borderaux ont été précisément établis dans ces derniers mois à l'occasion de fournitures de vêtements et de lingerie pour l'armée. Les inspecteurs du travail les connaissent et sont à leur sujet en rapport avec les intendants. Les comités y trouveront une documentation abondante et actuelle qui facilitera grandement leurs travaux.

Constatation du salaire de base. — Les comités de salaires prévus par *l'article 33* ont d'abord à constater le taux du salaire quotidien habituellement payé, taux d'après lequel sera déterminé ensuite le minimum de salaire.

L'article 33 e indique les règles à suivre en cette matière :

1° Le travail à domicile existe dans la région, concurremment avec un travail semblable *en atelier*. Le taux du salaire quotidien constaté sera celui qui est habituellement payé en atelier, aux ouvrières de même profession et d'habileté moyenne exécutant les divers travaux de la profession. Au sujet de l'ouvrière d'habileté moyenne, sur laquelle doit porter la constatation, le rapporteur du projet de loi à la Chambre des députés (1), cité par le rapporteur au Sénat (2), s'exprimait ainsi : « Il reste bien entendu que le salaire envisagé devra être celui de l'ouvrière qui n'a pas de talent spécial lui donnant droit à une rétribution supérieure, mais celui de l'ouvrière ordinaire, exécutant communément les divers travaux de la profession » ;

―――――――――――――――――――――――――

(1) Rapport Berthod, Chambre des députés, session 1913, Doc. parl. n° 2472, p. 53.

(2) Rapport Morel, Sénat 1914, session ordinaire, Doc. parl. n° 207, p. 49.

2° Le travail à domicile existe seul dans la région, mais on rencontre dans cette région ou dans des régions similaires des ateliers où des ouvrières exécutent des travaux analogues : c'est le taux du salaire quotidien de ces ouvrières qui devra être constaté ;

3° Enfin, il n'y a aucun atelier où s'exécutent des travaux se rapportant à l'industrie du vêtement ou des travaux analogues, ni dans la région considérée ni dans les régions similaires. Dans ce cas, qui, en raison du sens très large, très compréhensif des expressions « travaux analogues » et « régions similaires », se présentera sans doute rarement, c'est le taux du salaire habituellement payé à la journalière dans la région qui devra être constaté.

Aux termes du rapport de M. Jean Morel, « la journalière prise ici comme type est l'ouvrière non spécialisée, allant en journée chez autrui pour des fins diverses : travaux de ménage, de couture, de ravaudage, de blanchissage, etc. ».

Etablissement du salaire minimum. — C'est d'après le taux du salaire ainsi constaté que les conseils du travail ou comités de salaires déterminent le minimum prévu à l'*article 33 d*, c'est-à-dire celui que les prix de façon doivent permettre à une ouvrière à domicile d'habileté moyenne de gagner en dix heures. Le salaire minimum ainsi déterminé est donc un salaire au temps ; il devra être fixé par heure ou pour une journée de dix heures.

Etablissement du prix de façon pour les articles fabriqués en série. — Les comités d'expertise institués par l'*article 33 g* sont appelés à dresser, avec toute la précision possible, le tableau du temps nécessaire à l'exécution des travaux exécutés en série, pour les divers articles et les diverses catégories d'ouvrières, dans les professions et les régions où s'étendent leurs attributions.

Il y a lieu de noter que l'action des comités pour le choix des articles à porter au tableau n'est pas limitée par l'initiative du Gouvernement. Les conseils de prud'hommes et les unions professionnelles intéressées ont le même droit de s'adresser à eux. Les comités peuvent, en outre, d'office,

inscrire les articles dont la tarification leur paraît particulièrement utile.

Une fois le tableau des temps dressé, les comités d'expertise pourront utilement, bien que la loi ne leur en
fasse pas une obligation, effectuer la multiplication du salaire horaire de base par le nombre d'heures et de fractions
d'heure indiqué au tableau. Les tarifs doivent comprendre,
pour chaque article, trois éléments : salaire horaire, temps
nécessaire, prix de façon net résultant des deux premiers.

VI

Pour assurer l'exacte application des règles qui viennent
d'être exposées, et qui sont d'une importance essentielle
pour le bon fonctionnement de la loi, il conviendra de rappeler expressément, au début de chaque réunion, aux membres des comités de salaires et aux membres des comités
d'expertise celles qui concernent leurs attributions respectives.

Au comité de salaires vous devrez expliquer que son pouvoir est limité à une simple constatation, d'après les distinctions ci-dessus rappelées, et qui se précisent dans les
termes suivants :

a. Il existe dans la région des ateliers où s'exécute un
travail de même nature : — Constatation du taux de salaire
quotidien pour une journée de dix heures, habituellement
payé dans ces ateliers aux ouvrières d'habileté moyenne,
exécutant les divers travaux de la profession.

b. Il n'existe pas dans la région d'ateliers exécutant un
travail de même nature, mais on trouve, soit dans la région,
soit dans des régions similaires, des ateliers où les ouvrières
se livrent à des travaux analogues : — Constatation de salaire quotidien, pour une journée de dix heures, habituellement payé dans ces ateliers aux ouvrières d'habileté
moyenne.

c. Il n'existe, ni dans la région, ni dans les régions, similaires, aucun atelier pour les travaux se rapportant à l'industrie du vêtement, ou pour travaux analogues : — Constatation du taux de salaire quotidien, pour une journée de dix
heures, habituellement payé à la journalière dans la région.

Dans chacun de ces trois cas, la constatation, qui y correspond, devra servir de base unique, abstraction faite de toute autre considération, à la détermination du salaire minimum que doit gagner une ouvrière, travaillant à domicile, pour une journée de dix heures.

Au Comité d'expertise vous devrez rappeler que si, pour la fixation du minimum du salaire quotidien des ouvrières à domicile, l'*article 33* e, § 1er, exige, comme il vient d'être dit, la constatation par le Comité de salaires des prix payés aux ouvrières en atelier, l'*article 33* g n'impose pas une obligation analogue au Comité d'expertise ; que le paragraphe 6 de ce dernier article dispose seulement que le minimum de salaire applicable aux articles fabriqués en série résultera du prix minimum de salaire à l'heure fixée par le Comité de salaires, multiplié par le nombre d'heures nécessaire pour l'exécution du travail afférent à ces articles ; qu'enfin si l'horaire du travail en atelier ne peut servir de base unique et nécessaire pour fixer l'horaire du travail à domicile, lorsque, soit en raison de la division dans l'exécution, soit à raison du perfectionnement de l'outillage, les conditions de l'un et de l'autre sont profondément différentes, il peut, au contraire, être pris en considération, lorsque ces conditions sont sensiblement analogues.

Après cet exposé, la délibération sera ouverte et il devra en être dressé un procès-verbal détaillé faisant connaître les différentes opinions qui se seraient manifestées et les motifs qui auront déterminé la décision adoptée.

Le procès-verbal, signé de vous, devra être transmis sans retard par vos soins au ministère du Travail et de la Prévoyance sociale, Direction du travail, 2º bureau.

Nous ajoutons qu'il vous est toujours loisible d'admettre ou d'appeler aux séances des Comités de salaires et des Comités d'expertise un représentant de l'inspection du travail, non pour participer à la décision, ce qui serait contraire à la loi, mais, au moins, pour fournir tous les renseignements d'ordre technique qu'il aura pu recueillir dans l'exercice de ses fonctions.

VII

L'*article 33* h, § 2; accorde au Gouvernement, aux Associations professionnelles et aux personnes intéressées dans la profession le droit d'élever des protestations contre les décisions des Comités de salaires et des Comités d'expertise dans un délai de trois mois à compter de la publication du minimum du salaire.

Les formes de cette publicité ont été définies par le titre Ier du décret du 24 septembre 1915.

Il est statué en dernier ressort sur les protestations par une Commission centrale siégeant au ministère du Travail (*art. 33* h, § 2 et suiv.).

Aux termes de l'article Ier de l'arrêté ministériel du 3 novembre 1915, fixant le règlement intérieur de la Commission, avis des protestations doit être donné par lettre recommandée, avec avis de réception, au Comité départemental de salaires ou au Comité professionnel d'expertise, qui a fixé le minimum de salaires.

Cet avis est adressé par le ministère du Travail au juge de paix président du Comité.

Dès sa réception, ce magistrat doit provoquer une nouvelle réunion du Comité. Il conviendra que la lettre de convocation envoyée à chacun des membres, patrons et ouvriers qui le composent, énonce l'objet de la protestation, en vue de préparer sa discussion en toute connaissance de cause.

Pour cette seconde délibération, comme pour la première, il devra être dressé un procès-verbal exposant les motifs pour lesquels le Comité, après nouvel examen, aura cru devoir admettre la protestation ou la rejeter.

Le procès-verbal devra, en outre, constater expressément l'avertissement donné aux membres du Comité que, s'ils désirent produire des pièces justificatives à l'appui de leur décision, il leur est imparti, à cet effet, un délai de trois mois à compter de la publication du minimum de salaires ou du tarif contesté, conformément à l'*article 33* h, § 2, du code du travail et à l'article 8, § Ier, du décret du 24 septembre 1915 (Arr. min. du 3 novembre 1915, art. 1er, § 2). Si le Comité déclare n'avoir à produire aucune pièce justificative, il en sera fait mention au procès-verbal.

Celui-ci sera transmis au ministre du Travail, comme il a été dit pour le premier.

A la seconde réunion, le représentant de l'inspection du travail pourra être admis, comme à la précédente, et dans les mêmes conditions.

III

Jugement du Tribunal correctionnel d'Agen
14 février 1917

Travail à domicile. — L'application de l'article 33 b (affichage des tarifs) et de l'article 33 c (tenue des carnets, bulletins, etc.), n'est pas subordonnée à la fixation définitive des tarifs minimum légaux. — Les prescriptions légales doivent être remplies vis-à-vis des ouvrières à domicile qui se font aider dans leur travail par d'autres ouvrières qui l'exécutent elles-mêmes. — Les abréviations utilisées pour les inscriptions légales doivent être compréhensibles et ne pas créer de confusion.

Sur la fin de non-recevoir tirée de ce que Laurens ne serait pas le préposé de Bouyssonnié et ne saurait par suite être responsable des contraventions relevées contre lui.

Attendu que le seul argument ayant quelque apparence de sérieux à l'appui du système de défense invoqué par l'appelant ne peut être tiré que de la déposition de Gauthier devant le premier juge;

Mais attendu que c'est avec raison que M. le juge de paix a écarté ce moyen: qu'en effet, le témoignage de Gauthier ne détruit et n'atteint en rien les constatations faites par l'inspecteur du travail dans son procès-verbal du 7 août 1916, desquelles il résulte que ledit inspecteur a considéré Laurens comme le préposé de Bouyssonnié, son beau-père, et a verbalisé contre lui sans que Laurens ait élevé la moindre protestation à ce sujet; qu'il ne saurait prévaloir davantage contre l'attitude et la qualité prises par l'appelant lui-même dans ses lettres à l'inspecteur divisionnaire du 13 septembre 1915 et du 28 février 1916, où il écrit et signe comme fondé en procuration de son beau-père et justement pour organiser l'exploitation de la maison conformément aux exigences de la loi du 10 juillet 1915 ;

Qu'au surplus, il est assez dans les habitudes de Laurens de se présenter et d'agir comme le représentant de Bouyssonnié, sauf à décliner et à contester cette qualité lorsque son intérêt ou sa responsabilité viennent à se trouver en jeu, ainsi que cela a été constaté par un jugement du tribunal civil d'Agen, du 31 juillet 1915, et par un arrêt de la Cour d'appel d'Agen, en date du 23 février 1916.

Sur l'existence des contraventions :

Attendu que Laurens n'apporte aucune preuve contre les contraventions résultant du défaut d'affichage des salaires alloués pour la confection des vêtements d'hommes : « vestons, gilets et pantalons », que l'objection tirée de ce qu'à la date du procès-verbal, le tarif minimum n'avait pas encore été établi par le Comité d'expertise, ne saurait porter, puisque la loi était exécutoire dès sa promulgation et que la maison Bouyssonnié, gérée par Laurens, avait l'obligation d'afficher tout au moins ses propres tarifs (article 33 b) ; attendu qu'il en est de même des vingt-deux contraventions aux prescriptions de l'article 33 c ; que la contravention concernant l'ouvrière Serougne n'incombe pas à Gauthier, mais bien à Laurens préposé et fondé de pouvoirs du chef d'entreprise Bouyssonnié ;

Que pour les vingt et une autres contraventions, Laurens, ainsi qu'il vient d'être dit *supra*, n'est pas recevable à prétendre que le Comité d'expertise n'avait pas publié ces tarifs — circulaire ministérielle du 24 juillet 1915 — ; qu'il avait tout au moins l'obligation d'opérer l'inscription des salaires quels qu'ils soient sur le registre d'ordre ;

Qu'on ne saurait non plus s'arrêter à la distinction proposée par l'appelant concernant les dames Baby et Rieux ; que la loi ne distingue pas entre l'ouvrière qui reçoit de l'ouvrage pour l'exécuter elle-même et celle qui se fait aider dans cette exécution par d'autres personnes, parentes ou non parentes ; qu'en ce qui concerne cette dernière, elle peut sans doute être assujettie elle-même à l'observation de la loi du 10 juillet 1915, mais que ce fait n'influe pas sur le caractère de ses relations avec la maison ou les maisons qui lui fournissent l'ouvrage et vis-à-vis desquelles elle est et reste ouvrière comme les autres ;

Attendu que c'est également avec raison que l'inspecteur divisionnaire a critiqué dans son procès-verbal la façon par trop sommaire dont les inscriptions sont effectuées dans la maison Bouyssonnié ; que sans doute il n'est pas interdit aux négociants d'user d'abréviations pour désigner les marchandises et les quantités, mais qu'il faut de toute nécessité que ces abréviations soient compréhensibles et ne puissent créer de confusion ; qu'il n'est pas davantage admissible que les inspecteurs du travail soient obligés de se reporter à des références en tête des registres pour traduire ces abréviations et en déterminer la signification ; qu'une telle prétention, si elle était admise de la part des négociants, aurait pour effet de rendre très laborieuses et parfois très incertaines les investigations des agents de la loi ;

Attendu dès lors que les griefs de l'appelant n'étant recevables sur aucun point, il y a lieu de confirmer le jugement entrepris ;

Par ces motifs,

Et adoptant au surplus ceux du premier juge en ce qu'ils n'ont pas de contraire à ceux ci-dessus déduits ;

Le Tribunal jugeant en matière de simple police et en cause d'appel, confirme le jugement rendu le 27 novembre 1916, par le juge de simple police ; ordonne qu'il sortira son plein et entier effet ; condamne en outre Laurens aux dépens envers l'Etat liquidés à la somme de 11 fr. 61 en ce non compris le timbre, l'enregistrement et les extraits du présent jugement et des suites qui demeurent aussi à sa charge ; fixe au minimum la durée de la contrainte par corps.

RÉPERTOIRE

des actes, documents et décisions concernant l'application de la loi du 10 juillet 1915. (1)

LOI, DÉCRET, CIRCULAIRES

Loi du 10 juillet 1915 portant modification des Titres III et V du Livre 1er du Code du Travail et de la Prévoyance sociale. (*Salaire des ouvrières à domicile dans l'industrie du vêtement*).

BULLETIN DU MINISTÈRE DU TRAVAIL, juillet 1915, p. 53. *

RAOUL JAY : *Le minimum de salaire dans l'industrie du vêtement*, Annexe p. 37, (*publication de l'Association pour la protection légale des travailleurs*).

ALBERT TISSIER : *Les Actions en justice nées de la loi du 10 juillet 1915, sur le minimum de salaire*, Annexe p. 69, (*publication de l'Association pour la protection légale des travailleurs*).

Circulaire du Ministre du Travail du 24 juillet 1915. (*Détermination du minimum de salaire ; Fonctionnement des Comités ; Formalités imposées aux entrepreneurs ; Rôle des inspecteurs du travail*).

BULLETIN DU MINISTÈRE DU TRAVAIL, juillet 1915, p. 64. *

RAOUL JAY : *Le minimum de salaire dans l'industrie du vêtement*, Annexe p. 46.

Décret du 24 septembre 1915 portant règlement d'administration publique pour l'exécution de la loi du 10 juillet 1915 (*Publicité des décisions des Conseils et Comités ; Fonctionnement de la Commission centrale ; Dispositions financières*.

BULLETIN DU MINISTÈRE DU TRAVAIL, septembre 1915, p. 85. *

RAOUL JAY : *Le minimum de salaire dans l'industrie du vêtement*, Annexe p. 63.

Circulaire du Ministre du Travail du 7 juin 1916 (*Enquête des inspecteurs du travail sur les salaires minima en cas de protestation devant la Commission centrale*).

BULLETIN DU MINISTÈRE DU TRAVAIL, Juin 1916, p. 88. *

Circulaire du Ministre du Travail en date du 31 juillet 1916. (*Application des tarifs horaires en l'absence de tarifs aux pièces applicables*).

BULLETIN DU MINISTÈRE DU TRAVAIL, juillet 1916, p. 121. *

---

(1) Le devoir d'économiser le papier qui s'impose impérieusement à tous dans le moment présent nous a contraint de ne pas publier en Annexes tous les documents qu'il y aurait eu intérêt à réunir ici.

Nous avons pensé être utile à nos lecteurs en publiant du moins la liste complète de ces documents avec références précises au *Bulletin du ministère du Travail* et aux publications de l'*Association pour la protection légale des travailleurs*.

Nous engageons vivement nos lecteurs à se reporter aux deux brochures ci-dessus mentionnées : RAOUL JAY (0 fr. 50 cent.); ALBERT TISSIER (1 fr.); Félix Alcan et Marcel Rivière, éditeurs; et à se procurer les numéros du *Bulletin du ministère du Travail*, contenant les textes qui les intéressent (le numéro : 0 fr. 40 cent.), Berger-Levrault et Armand Colin, éditeurs.

V. Supra. Rapport Tissier, p. 12.

Circulaire du Ministre du Travail du 21 novembre 1916. (*Point de départ du délai ouvert pour les protestations*).
BULLETIN DU MINISTÈRE DU TRAVAIL, décembre 1916, p. 159.'

Circulaire du Ministre du Travail du 29 novembre 1916. (*Modification du salaire de base n'entraînant pas de nouveau délai de protestation contre les tableaux des temps publiés depuis un délai de trois mois*).
BULLETIN DU MINISTÈRE DU TRAVAIL, décembre 1916, p. 160.'
V. Supra, ANNEXE, I. p. 3.

Circulaire du Garde des Sceaux, Ministre de la Justice, et du Sous-Secrétaire d'Eta du Travail, du 12 janvier 1917. (*Rôle des Comités de salaires et des Comités professionnels d'expertise et fonctions des juges de paix qui les président*).
BULLETIN DU MINISTÈRE DU TRAVAIL, avril 1917, p. 35.'
V. Extrait Supra, ANNEXE II, p. 32.

Premiers résultats de la loi du 10 juillet 1915...
BULLETIN DU MINISTÈRE DU TRAVAIL, juin 1917, p. 235.

TARIFS ÉTABLIS PAR LES COMITÉS DE SALAIRES ET D'EXPERTISE

Seine-Inférieure, Morbihan, Haute-Savoie, Hautes-Alpes, Basses-Pyrénées, Nièvre Haute-Loire, Lot, Indre-et-Loire, Belfort, Landes, Savoie, Cantal.
BULLETIN DU MINISTÈRE DU TRAVAIL, janvier 1916, p. 57.

Corrèze, Côte-d'Or, Finistère, Jura, Sarthe, Pyrénées-Orientales, Loire, Alpes-Maritimes.
BULLETIN DU MINISTÈRE DU TRAVAIL, mars 1916, p. 147.

Cher, Basses-Alpes, Haute-Saône, Côtes-du-Nord, Meuse, Haute-Marne, Deux-Sèvres.
BULLETIN DU MINISTÈRE DU TRAVAIL, juin 1916, p. 258.

Doubs, Nièvre.
BULLETIN DU MINISTÈRE DU TRAVAIL, juillet 1916, p. 335.

Ain, Yonne, Vaucluse, Lot-et-Garonne, Charente-Inférieure.
BULLETIN DU MINISTÈRE DU TRAVAIL, septembre 1916, p. 442.

Eure-et-Loir, Pas-de-Calais, Haute-Garonne, Vienne, Meurthe-et-Moselle, Aveyron Morbihan.
BULLETIN DU MINISTÈRE DU TRAVAIL, décembre 1916, p 521.

Tarn-et-Garonne, Marne, Loire, Saône-et-Loire.
BULLETIN DU MINISTÈRE DU TRAVAIL, janvier 1917, p. 78.

Seine, Calvados, Drôme, Indre, Corrèze, Somme, Territoire de Belfort, Mayenne.
BULLETIN DU MINISTÈRE DU TRAVAIL, avril 1917, p. 175.

Manche, Saône-et-Loire, Oise, Haute-Garonne, Seine-et-Oise, Basses-Alpes, Loir-et-Cher, Charente-Inférieure.
BULLETIN DU MINISTÈRE DU TRAVAIL, juin 1917, p. 304.

DÉCISIONS DE LA COMMISSION CENTRALE DES SALAIRES DU TRAVAIL
A DOMICILE

8 mars 1916, sur décisions de Comités de l'Hérault. — *Défaut de comparaison avec salaire payé en atelier, enquête d'inspecteur : abaissement du minimum Evaluation temps nécessaire, liberté d'appréciation comité d'expertise, cependant horaire travail en atelier base d'appréciation, lorsque conditions analogues : réduction du temps nécessaire.*
Bulletin du ministère du Travail, mars 1916, p. 147.

3 mai 1916, sur décision du Comité de salaires du Loiret. — *Point de départ délai 3 mois ouvert à protestation : date de la transmission du Recueil des Actes administratifs : Ouvrières travaillant indistinctement à la main ou la machine : tarif uniforme.*
Bulletin du ministère du Travail, septembre 1916, p. 442.

10 novembre 1916 sur décisions du Comité de salaires de la Seine-Inférieure. — *Ouvrières occupées indistinctement à diverses opérations du métier ; salaire minimum horaire unique.*
Bulletin du ministère du Travail, septembre 1916, p. 444.

8 décembre 1916, sur décision du Comité de salaires de Saône-et-Loire. — *Ouvrières en atelier réparties en deux spécialités, ouvrières à domicile exécutant indistinctement les deux opérations, possibilité d'une évaluation séparée des deux éléments de production : double tarif.*
Bulletin du ministère du Travail, janvier 1917, p. 73.

12 janvier 1917, sur décision du Comité de salaires de la Gironde. — *Base d'évaluation : salaire en atelier et non coût de la vie ; égalité salaires en atelier diverses régions : tarif uniforme travail à domicile, ville et campagne.*
Bulletin du ministère du Travail, janvier 1917, p. 75.

17 février 1917, sur décisions des Comités de l'Orne — *Liberté d'appréciation du Comité d'expertise, évaluation temps nécessaire peut être faite d'après travail en atelier et d'après travail à domicile.*
Bulletin du ministère du Travail, janvier 1917, p. 77.

26 avril 1917, sur décision du Comité de salaires de la Seine. — I. — *Travaux exécutés à la mesure, applicabilité salaire minimum horaire ; évaluation temps nécessaire, recours facultatif Comités d'expertise.* — II. — *Base évaluation salaire travail à domicile, salaire travail en atelier et non salaire total.*
Bulletin du ministère du Travail, avril 1917, p. 171.

31 mai 1917, sur décisions des Comités d'expertise de la Savoie. — *Annulation de tableaux de temps.*
Bulletin du Ministère du Travail, juin 1917, p. 200.

8 juin 1917, sur décision du Comité d'expertise de la Somme. — *Détermination du temps de travail nécessaire, expérience contestée, ouvrières choisies n'étant pas d'une habileté moyenne, fixation de plusieurs durées de confection.*
Bulletin du Ministère du Travail, juin 1917, p. 302.

JUGEMENTS DE TRIBUNAUX ET DE CONSEILS DE PRUD'HOMMES

Tribunal de simple police de Clermont-Ferrand, 27 avril 1916.
Absence de bulletins à souche, tenue irrégulière du registre d'ordre, contraventions, amendes ; tarif inférieur à salaire minimum, absence de sanction pénale ; intervention du Syndicat dans les poursuites engagées par le ministère public.
BULLETIN MINISTÈRE DU TRAVAIL, juin 1916, p. 262.

Tribunal de simple police de Clermont-Ferrand, 11 mai 1916.
Absence de bulletin à souche, tenue irrégulière carnet et registre d'ordre, défaut d'affichage, contraventions, amendes ; intervention du Syndicat.
BULLETIN DU MINISTÈTE DU TRAVAIL, juin 1916, p. 261.]

Conseil de prud'hommes de Clermont-Ferrand, 28 avril 1916.
Action civile d'une ouvrière en paiement du minimum de salaire.
BULLETIN DU MINISTÈRE DU TRAVAIL, juin 1916, p. 266.

Tribunal de simple police de Clermont-Ferrand, 5 octobre 1916.
Absence de bulletin à souche, tenue irrégulière du registre d'ordre, contraventions, amendes.
BULLETIN DU MINISTÈRE DU TRAVAIL, décembre 1916, p. 538.

Tribunal correctionnel d'Agen, 14 février 1917.
L'application de l'article 33 b (affichage des tarifs) et de l'article 33 c (tenue des carnets, bulletins, etc.) n'est pas subordonnée à la fixation définitive des tarifs minimum légaux. — Les prescriptions légales doivent être réglées vis-à-vis des ouvrières à domicile qui se font aider dans leur travail par d'autres ouvrières, comme vis-à-vis des ouvrières qui l'exécutent elles-mêmes. — Les abréviations utilisées pour les inscriptions légales doivent être compréhensibles et ne pas créer de confusion.
BULLETIN DU MINISTÈRE DU TRAVAIL, janvier 1917, p. 80.
V. *Supra*, ANNEXES III, p. 38.

Cour de cassation (Chambre civile), 22 mai 1917.
Exception à la prescription de 15 jours, accordée aux actions intentées pour application d'un tarif d'espèce (art. 33 j § 9) est limitative, ne peut être invoquée pour se soustraire à la déchéance déjà acquise au cours d'une instance engagée pour application de tarifs généraux.
BULLETIN DU MINISTÈRE DU TRAVAIL, juin 1917, p. 311.

TABLE DES MATIÈRES

TABLE MÉTHODIQUE

des Publications de l'Association nationale française pour la Protection Légale des Travailleurs

EN VENTE CHEZ F. ALCAN, éditeur, 108, boulevard St-Germain
et Marcel RIVIÈRE, 31, rue Jacob

QUESTIONS GÉNÉRALES

L'Association internationale pour la protection légale des travailleurs et sa section française, par M. ANDRÉ LICHTENBERGER.

De la sanction par l'autorité publique des accords entre chefs d'entreprises commerciales et industrielles pour l'amélioration des conditions du travail, par MM. A. ARTAUD, membre du Conseil supérieur du Travail; MAURICE DESLANDRES, professeur à la Faculté de droit de l'Université de Dijon; JUSTIN GODART, député, 1912. — Une brochure, 80 p., in-16 (*Septième série*, n° 3). — 1 fr.

CONVENTIONS INTERNATIONALES DE TRAVAIL

La Conférence officielle de Berne (*Travail de nuit des femmes. — Emploi du phosphore blanc*), par M. A. MILLERAND, député, ancien ministre, 1905. - Une brochure, 20 p., in-16 (*Troisième série*, n° 2). — 0 fr. 60.

La deuxième Conférence officielle de Berne (*Travail de nuit des jeunes ouvriers. — Journée de 10 heures*), par M. A. MILLERAND, député, ancien ministre, 1913. — Une brochure, 51 p. in-16 (*Nouvelle série*, n° 6). — 1 franc.

PROTECTION LÉGALE DES EMPLOYÉS

La protection légale de l'employé et la réglementation du travail des magasins, par M. A ARTAUD, membre du Conseil supérieur du Travail 1903. — Une brochure, 35 p., in-16 (*Première série*, n° 5). — 0 fr. 60.

La réglementation légale de la durée du travail des employés, par M. EDGARD DEPITRE, professeur à la Faculté de droit de l'Université de Lille. 1911. — Une brochure. in-16 (Publications de la section du Nord. *Sixième série bis*). — 1 fr. 50.

Les Veillées dans le commerce, par M. CHARLES VIENNET, secrétaire général du Syndicat des Employés du commerce et de l'industrie, 1914. — Une brochure, 19 p., in-16 (*Nouvelle série*, n° 8). — 1 franc.

Cf. QUESTIONS GÉNÉRALES (*Accords entre chefs d'entreprises*). — REPOS HEBDO MADAIRE (*Dérogations*).

INDUSTRIE A DOMICILE

La réglementation du travail en chambre, par M. F. FAGNOT, enquê-teur à l'Office du Travail, 1904. — Une brochure, 60 p., in-16 (*Première série, n° 7*). — **0 fr. 60**

Le travail à domicile en France, par MM. PAUL PIC et A. AMIEUX, 1906 (*Rapport à l'Assemblée générale de Genève*). — **0 fr. 30.**

Le minimum de salaire dans l'industrie à domicile, par MM. B. RAYNAUD, professeur à la Faculté de droit de l'Université d'Aix-en-Provence ; le comte A. DE MUN, député ; l'abbé MÉNY, docteur en droit, 1913. — Un volume, 316 p., in-16 (*Septième série, n° 1*). — **2 fr. 50.**

Le minimum de salaire dans l'industrie du vêtement. — La loi du 10 Juillet 1915, par M. RAOUL JAY, professeur à la Faculté de droit de l'Université de Paris, 1915. — Une brochure, 68 pages, in-16 (*Nouvelle série, n° 11*). — **0 fr. 50.**

Les actions en justice nées de la loi du 10 Juillet 1915, sur le minimum de salaire, par M. ALBERT TISSIER, professeur à la Faculté de droit de l'Université de Paris, 1916. — Une brochure, 76 p., in-16 (*Nouvelle série, n° 12*). — **1 franc.**

L'application de la loi du 10 Juillet 1915, sur le minimum de salaire, par M. ALBERT TISSIER, professeur à la Faculté de droit de Paris, 1917. — Une brochure 14 p., in-16 (*Nouvelle série, n° 13*). — **1 franc.**

Cf. AUXILIAIRES DE L'INSPECTION (*Ligue sociale d'acheteurs*).

RÉGLEMENTATION DU TRAVAIL DANS LES MARCHÉS

DE TRAVAUX PUBLICS

L'application dans la région du Nord et la revision des décrets sur les conditions du travail dans les marchés des administra-tions publiques, par MM. BARGERON, inspecteur du travail, et MASSON, prési-dent du Syndicat des typographes de Lille, 1908. — Une brochure, 90 p., in-16 (*Publications de la section du Nord. Cinquième série bis, n° 2*). — **1 franc.**

LÉGISLATION DU TRAVAIL AUX COLONIES

La protection des travailleurs indigènes aux colonies, par M. RENÉ PINON, 1903. — Une brochure, 30 p., in-16 (*Première série, n° 8*). — **0 fr. 60.**

TRAVAIL DES ENFANTS

L'âge d'admission des enfants au travail industriel. — Le tra-vail de demi-temps, par M. ET. MARTIN-SAINT-LÉON, bibliothécaire du Musée social, 1903. — Une brochure 2 p., in-16 (*Première série, n° 3*). — **0 fr. 60.**

L'emploi des enfants dans les théâtres et cafés-concerts, par M. RAOUL JAY, professeur à la Faculté de droit de l'Université de Paris, 1904. — Une brochure, 17 p., in-16 (*Première série, n° 9*). — **0 fr. 60.**

La protection légale des enfants occupés hors de l'Industrie. — I. La loi anglaise, par M. Édouard DOLLÉANS, 1906. — Une brochure, 68 p. in-16 (*Troisième série, n° 4*). — 0 fr. 60.

La protection légale des enfants employés hors de l'industrie. — II. La loi allemande, par M. Henry MOYSSET, 1906. — Une brochure, 60 p., in-16 (*Troisième série, n° 5*). — 0 fr. 60.

La protection légale des enfants occupés hors de l'Industrie. — III. La situation en France, par MM. G. MÉNY, Paul GEMAHLING, Mlle BLONDELU, MM. Georges PIOT, Raoul JAY, Léon VIGNOLS, 1906. — Une brochure, 103 p. in-16 (*Troisième série, n° *). — 0 fr. 60.

Le travail de nuit des adolescents dans l'Industrie française, par M. Et. MARTIN SAINT-LÉON, bibliothécaire du Musée social, 1906. — Une brochure, 55 p., in-16 (*Rapport présenté à l'Assemblée générale de Genève*). — 0 fr. 60.

Le travail de nuit des enfants dans les usines à feu continu, par M. F. FAGNOT, enquêteur à l'Office du Travail. 1908. — Une brochure, 56 p., in-16 (*Rapport présenté à l'Assemblée générale de Lucerne*). — 0 fr. 60.

Le travail industriel des enfants, par M. Georges ALFASSA. 1908. — Une brochure, 37 p., in-16 (*Rapport présenté à l'Assemblée générale de Lucerne*). — 0 fr. 60.

Le travail de nuit des enfants dans les usines à feu continu, par M. LÉVÊQUE, inspecteur du travail, 1909. — Une brochure. 48 p., in-16 (*Publications de la section du Nord* (*Sixième série bis, n° 2.*) — 0 fr. 60.

Le travail de nuit des enfants dans les usines à feu continu, par M. l'abbé LEMIRE, député, 1910. — Une brochure, 51 p., in-16 (*Sixième série, n° 3*). — 1 franc.

La réduction du nombre des enfants employés la nuit dans les verreries, par M. LÉVÊQUE, inspecteur du travail, 1911. — (Publications de la section du Nord. *Sixième série bis, n° 2*). — 1 fr. 60.

La deuxième Conférence officielle de Berne (*Travail de nuit des jeunes ouvriers. — Journée de 10 heures*), par M. A. MILLERAND, député, ancien ministre, 1913. — Une brochure, 51 p., in-16 (*Nouvelle série, n° 6*). — 1 franc.

C. — ACCIDENTS DU TRAVAIL.

TRAVAIL DES FEMMES

La protection légale des femmes avant et après l'accouchement, par M. le docteur FAUQUET, 1903. — Une brochure, 20 p., in-16 (*Première série, n° 1*). — 0 fr. 60.

La Conférence officielle de Berne (*Travail de nuit des femmes*), par M. A. MILLERAND, député, 1905. — Une brochure, 20 p., in-16 (*Troisième série n° 2*). — 0 fr. 60.

De l'extension de la loi du 29 décembre 1900 aux femmes employées dans l'industrie, par Mme DE LA RUELLE, inspectrice du travail, 1906. — Une brochure, 36 p., in-16 (*Troisième série, n° 7*). — 0 fr. 60.

La protection de la maternité ouvrière, par MM. Paul STRAUSS, sénateur, et Louis MARIN, député, 1912. — Une brochure, 100 p., in-16 (*Septième série, n° 2*). — 1 franc.

La maternité ouvrière et sa protection légale en France, par Mme Paul GEMÄHLING, agrégée de l'Université, 1915. — Une brochure, 62 p. in-16 (*Nouvelle série, n° 10*). — 1 franc.

Cf. — Industrie a domicile. — Durée du travail *(Deuxième Conférence officielle de Berne).*

DURÉE DE LA JOURNÉE DE TRAVAIL

La réglementation hebdomadaire de la durée du travail. — Le repos du samedi, par MM. Ivan STROHL, industriel, et F. FAGNOT, enquêteur à l'Office du Travail, 1903. — Une brochure, 39 p., in-16 (*Première série, n° 2*). — 0 fr. 60.

La réglementation de la durée du travail dans les mines, par M. l'abbé LEMIRE, député, 1904. — Une brochure, 44 p., in-16 (*Première série, n° 6*). — 0 fr. 60.

La durée légale du travail. — Des modifications à apporter à la loi de 1900, par MM. FAGNOT, enquêteur à l'Office du Travail; MILLERAND, député, et STROHL, industriel, 1905. — Un volume, 300 p., in-16 (*Deuxième série*). — 2 fr. 50.

Le contrôle de la durée du travail, par M. Georges ALFASSA, 1905. — Une brochure, 59 p., in-16 (*Troisième série, n° 3*). — 0 fr. 60.

La limitation de la journée légale de travail en France, par M. Raoul JAY, professeur à la Faculté de droit de l'Université de Paris, 1906. — Une brochure, 94 p., in-16 (*Rapport à l'Assemblée générale de Genève*). — 0 fr. 60.

L'organisation du travail dans les usines à feu continu, par M. P. BOULIN, inspecteur divisionnaire du travail, 1912. — Une brochure, 48 p., in-16 (*Rapport présenté à l'Assemblée générale de Zurich*). — 1 fr.

La réglementation du travail dans les usines à marche continue, par M. F. FAGNOT, enquêteur à l'Office du Travail, 1913 (*Nouvelle série, n° 1*). — 1 fr. 50.

La deuxième Conférence officielle de Berne (*Travail de nuit des jeunes ouvriers. — Journée de 10 heures pour les femmes et les jeunes ouvriers*), par M. A. MILLERAND, député, ancien ministre, 1913. — Une brochure, 51 p., in-16 (*Nouvelle série, n° 6*). — 1 franc.

Cf. Protection légale des employés.

REPOS HEBDOMADAIRE et SEMAINE ANGLAISE

La réglementation hebdomadaire de la durée du travail. — Le repos du samedi, par MM. Ivan STROHL, industriel et F. FAGNOT, enquêteur à l'Office du Travail, 1903. — Une brochure, 39 p. in-16 (*Première série, n° 2*). — 0 fr. 60.

Les dérogations au repos collectif du dimanche, par M. Paul AUBRIOT, député, 1914. — Une brochure, 164 p. in-16 (*Nouvelle série, n° 7*). — 1 franc.

La Semaine anglaise. — **Le repos de l'après-midi du samedi,** par M. RAOUL JAY, professeur à la Faculté de Droit de l'Université de Paris, 1914. — Une brochure, 66 p. in-16 (*Nouvelle série*, n° 9). — 1 franc.

Cf. DURÉE DU TRAVAIL (*Modifications à la loi de 1900*).

TRAVAIL DE NUIT

Le travail de nuit dans les boulangeries, par M. JUSTIN GODART, député, 1910. — Une brochure, 47 p., in-16 (*Sixième série*, n° 3). — 0 fr. 60.

Cf. — TRAVAIL DES ENFANTS (*Usines à feu continu*). — TRAVAIL DES FEMMES (*Conférence de Berne*). — PROTECTION LÉGALE DES EMPLOYÉS (*Veillées*).

HYGIÈNE ET SÉCURITÉ DES TRAVAILLEURS

L'interdiction de la céruse dans l'industrie de la peinture, par M. J. L. BRETON, député, 1905. — Une brochure, 50 p., in-16 (*Troisième série,* n° 1). — 0 fr. 60.

La conférence officielle de Berne (*emploi du phosphore blanc*), par M. A. MILLERAND, député, 1905. — Une brochure, 20 p., in-16 (*Troisième série*, n° 2). — 0 fr. 60.

Les poisons industriels, par M. GEORGES ALFASSA, ingénieur E. C. P 1906. — Une brochure, 31 p., in-16 (*Rapport à l'Assemblée générale de Genève*). — 0 fr. 60.

La réforme de la procédure de la mise en demeure, organisée par la loi du 12 juin 1893 - 11 juillet 1903, sur l'hygiène et la sécurité des travailleurs, par M. E. BRIAT, membre du Conseil supérieur du Travail, 1910. — Un volume, 150 p., in-16 (*Sixième série*, n° 2). — 2 fr. 50.

Les maladies professionnelles, par M. J.-L. BRETON, député, 1911. — Une brochure, 104 p., in-16 (*Sixième série*, n° 5). — 1 fr.

La réglementation des conditions de sécurité et d'hygiène dans les chantiers de construction, par BERNARD DÉCAILLY, inspecteur départemental du travail à Lille, 1913. — Une brochure, 90 p., in-16. Publication de la section du Nord. (*Nouvelle série*, n° 5). — 1 franc.

Cf. TRAVAIL DES FEMMES (*Maternité*).

ACCIDENTS DU TRAVAIL

L'Assurance ouvrière et les ouvriers étrangers, par M. HENRI BARRAULT, 1906. — Une brochure, 10 p., in-16 (*Rapport à l'Assemblée générale de Genève*). — 0 fr. 10.

La réalisation de l'égalité entre nationaux et étrangers, au point de vue de l'indemnisation des accidents du travail par voie de convention internationale, par M. A. BOISSARD, 1908. — Une brochure, 10 p., in-16 (*Rapport à l'Assemblée générale de Lucerne*). — 0 fr. 10.

Les accidents du travail dans l'agriculture, par M. HENRI CAPITANT, professeur à la Faculté de droit de l'Université de Paris, 1909. — Un volume, 142 p., in-16 (*Cinquième série*, n° 6). — 1 fr. 75.

La prévention des accidents sur les voies ferrées des usines, par M. LÉVÊQUE, inspecteur du travail, 1909. — Une brochure, 33 p., in-16 (Publication de la section du Nord. *Cinquième série bis*, n° 4). — 0 fr. 60.

Les accidents du travail survenus aux enfants âgés de moins de treize ans, par M. HENRI CAPITANT, professeur à la Faculté de droit de l'Université de Paris, 1913. — Une brochure, 53 p., in-16 (*Nouvelle série n° 3*). — **1 fr.**

PROTECTION DU SALAIRE

La loi du 7 mars 1850 et le mesurage du travail à la tâche, par M. A. BOISSARD, 1908. — Une brochure, 86 p., in-16 (*Cinquième série, n° 2*). — **0 fr. 60.**

La saisie-arrêt des salaires et traitements, par M. CHARLES GUERNIER, professeur à la Faculté de droit de Lille, député d'Ille-et-Vilaine, 1913. — Une brochure, 17 p., in-16 (*Nouvelle série, n° 2*). — **1 fr.**

Cf. — INDUSTRIE A DOMICILE (*Minimum de salaire*).

CONTRAT DE TRAVAIL

Le contrat de travail (*Examen du projet de loi du gouvernement sur le contrat individuel et la convention collective*, par MM. PERREAU, professeur à la Faculté de droit de l'Université de Paris, et F. FAGNOT, enquêteur à l'Office du Travail, 1907. — Un volume, 218 p., in-16 (*Quatrième série*). — **3 fr. 50.**

Le contrat de travail et le Code civil (*Examen des textes que la Commission du Travail de la Chambre des députés propose d'introduire dans le Code civil*), par MM. PERREAU, professeur à la Faculté de droit de l'Université de Paris, et GROUSSIER, député, 1908. — Un volume, 251 p., in-16 (*Cinquième série, n° 3*). — **3 fr. 50.**

La Réglementation légale de la Convention collective de Travail, par M. ARTHUR GROUSSIER, député, 1913. — Une brochure, 138 p. in-16 (*Nouvelle série, n° 4*). — **1 fr. 50.**

CONFLITS DU TRAVAIL

La grève et l'organisation ouvrière, par M. A. MILLERAND, député, 1906. — Une brochure, 48 p., in-16 (*Troisième série, n° 8*). — **0 fr. 60.**

La conciliation dans les conflits collectifs et les travaux de la section du Nord de l'Association, par M. AFTALION, professeur à la Faculté de droit de l'Université de Lille, 1908. — Une brochure, 168 p., in-16 (*Cinquième série, n° 1*). — **0 fr. 60.**

Le règlement amiable des conflits du travail, par MM. AFTALION, professeur à la Faculté de droit de l'Université de Lille; ARQUEMBOURG, ingénieur des arts et manufactures, et FAGNOT, enquêteur à l'Office du Travail, 1911. — Un volume 219 p., in-16 (*Sixième série, n° 7*). — **2 fr. 50.**

CHOMAGE

Les caisses de chômage, par M. Ch. DE LAUWEYRENS DE ROOSENDAELE, docteur en droit, 1907. — (Publications de la section du Nord. *Cinquième série bis, n° 1*). — **1 fr.**

La lutte contre le chômage dans le Nord, par M. Ch. DE LAUWEYRENS DE ROOSENDAELE, docteur en droit, 1910. — Une brochure, 56 p., in-16. — (Publications de la section du Nord. *Cinquième série bis, n° 5*). — **1 fr.**

Les problèmes du chômage, par MM. F. FAGNOT, enquêteur à l'Office du Travail ; MAX LAZARD, Docteur en droit, et Louis VARLEZ, Président de la Bourse du Travail et du Fonds de Chômage de Gand, 1910. — Un volume, 215 p., -16 (*Sixième série, n° 1*). — **2 fr. 50**.

PLACEMENT

Le placement et sa réorganisation, par MM. ALFRED DODANTHUN et CH. DE LAUWEREYNS DE ROOSENDAELE, Docteurs en droit, 1912. — Une brochure, 79 p., in-16. (Publications de la section du Nord. *Sixième série bis n° 3*). — **1 fr. 50**.

CONSEILS DE PRUD'HOMMES

Les demandes reconventionnelles devant le Conseil des prud'-hommes, par M. E. BRIAT, membre du Conseil supérieur du Travail, 1911. — Une brochure, 54 p., in-16 (*Sixième série, n° 6*). — **1 franc**.

INSPECTION DU TRAVAIL

La réforme de l'Inspection du travail en France, par M. EUGÈNE PETIT, avocat à la Cour d'Appel de Paris, 1909. — Un volume, 298 p., in-16 (*Cinquième série, n° 4*). — **3 fr. 50**.

Cf. DURÉE DU TRAVAIL (*Contrôle*) ; HYGIÈNE ET SÉCURITÉ (*Mise en demeure*).

AUXILIAIRES DE L'INSPECTION DU TRAVAIL

La Ligue sociale d'acheteurs, par Mme JEAN BRUNHES, 1903. — Une brochure, 36 p., in-16 (*Première série, n° 4*). — **0 fr. 60**.

Le droit de citation directe pour les associations, par M. HENRI HAYEM, 1904. — Une brochure, 21 p., in-16 (*Première série, n° 10*). — **0 fr. 60**.

Collaboration des ouvriers organisés à l'œuvre de l'Inspection du travail, par M. HENRI LORIN, 1909. — Un volume, 174 p., in-16 (*Cinquième série, n° 5*). — **1 fr. 75**.

Cf. INDUSTRIE À DOMICILE (*Actions en justice nées de la loi du 10 juillet 1915*).

NOUVELLE SÉRIE

Les publications de l'Association paraissent dorénavant en une série unique et ininterrompue

I. *La Réglementation du Travail dans les Usines à marche continue.* — Rapport de M. F. Fagnot, 1913. — Brochure, 1 fr. 50.

II. *La Saisie-Arrêt des salaires et traitements.* — Rapport de M. Ch. Quernier, 1913. — Brochure, 1 fr.

III. *Les Accidents du Travail survenus aux enfants âgés de moins de treize ans.* — Rapport de M. Henri Capitant, 1913. — Brochure, 1 fr.

IV. *La Réglementation légale de la Convention collective de Travail.* — Rapport de M. Arthur Groussier, 1913. — Brochure, 1 fr. 50.

V. *La Réglementation des Conditions de Sécurité et d'Hygiène dans les chantiers de construction.* — Rapport de M. Bernard Déchilly. Publication de la Section du Nord, 1913. — Brochure, 1 fr.

VI. *La Deuxième Conférence officielle de Berne (Travail de nuit des jeunes ouvriers. — Journée de 10 heures).* — Rapport de M. A. Millerand, 1913. — Brochure, 1 fr.

VII. *Les Dérogations au repos collectif du dimanche.* — Rapport de M. Paul Aubriot, 1914. — Brochure, 1 fr.

VIII. *Les Veillées dans le commerce.* — Rapport de M. Charles Viennet, 1914. — Brochure, 1 fr.

IX. *La Semaine anglaise. — Le Repos de l'après-midi du samedi.* — Rapport de M. Raoul Jay, 1914. — Brochure, 1 fr.

X. *La Maternité ouvrière et sa protection légale en France.* — Rapport de M. Paul Gemähling, 1915. — Brochure, 1 franc.

XI. *Le Minimum de salaire dans l'industrie du vêtement. — La loi du 10 juillet 1915,* par M. Raoul Jay, 1915. — Brochure, 0 fr. 50.

XII. *Les Actions en justice nées de la loi du 10 juillet 1915, sur le minimum de salaire.* — Rapport de M. Albert Tissier, 1916. — Brochure, 1 fr.

XIII. *L'application de la Loi du 10 juillet 1915, sur le minimum de salaire.* — Rapport de M. Albert Tissier, 1917. — Brochure, 1 franc.

———————o———————

L'Association nationale française examine et discute, dans ses réunions périodiques, les questions de législation du travail à l'ordre du jour. Elle publie le compte rendu de ses discussions. Ces publications sont servies aux membres de l'Association.

Sont membres de l'Association les personnes et les sociétés qui considèrent la législation protectrice des travailleurs comme nécessaire et adhèrent aux statuts de l'Association.

La cotisation annuelle est fixée à 10 francs. Elle est réduite à 3 francs pour les personnes ou les sociétés qui ne demandent pas à recevoir les publications de l'Office international.

Les adhésions sont reçues par le trésorier de l'Association : M. Léon de Seilhac, délégué permanent du Musée social, 5, rue Las-Cases.